Ese mar
que me vence

Odalys Interián

Lyrics & Poetry
Editions

Ese mar que me vence

© Autora: Odalys Interián
© Lyrics & Poetry Editions

Tercera Edición
Estados Unidos de Norteamérica, 2019

ISBN- 13: 9780999714942

Ese mar que me vence

A Rubén éste

y todos los mares de mis visiones.

En ese rayo

donde se quema el mar

y mi amargura.

En ese mástil del viento joven

donde te bebo el sueño

y la esperanza.

Dedicatoria

A Víctor Irún, Ana Cecilia Blum, Doria
García-Albernaz, Pilar Vélez, Mari
Orquídea Blanca, Ana Cueva, Carlos Alberto
De La O Tapia, a Germán Rizo, a Julio Garzón.
a todos, gracias por sus palabras.
A la memoria de mi padre y abuelos.
A mis hijos: Rubén, Enmanuel y Dariel.
A mi nieto Darían Fonseca que visualizo poeta.
A mi madre Gudelina y mis hermanos: Silvia,
Arahys, Manuel.
A Dayami Guerra y Enrique Rodríguez.
A todos los amigos y hermanos, que siempre
me acompañan.

ÍNDICE

en la claridad del miedo	55
Levantándome	56
de miserable desunión	57
ese rojo dañado del silencio	58
Un gesto inicia la desolación	59
La casa es esa vela que se apaga	
Tampoco la esperanza	62
Sobre los últimos ecos	64
La casa es esa vela que se apaga	65
De esos rojos silencios desangrados	66
en lo insondable y demencial del tiempo	67
de llantos y exilios	68
Lo hondo en la vena de la resurrección	71
Las 7 veces 7 del perdón	72
En el colapso de la muerte	73
Un empuje para llegar a las palabras	74
Que se guardan los años	75
Agrede	76
Niña aún niña siempre	79
Y luces muertas	80
Sobre la luz insomne de los peces	81
De su mucha oscuridad recíproca	82
Tejiendo nidos de esperanza	83
De frases y dolores inútiles	84
Y humilde de la muerte	85
Cada obsesión fragua un comienzo	86
De beberme el sol desde el milagro	87
Que sostiene el sol en la tormenta	88
Completándome	89
Que late en mi cabeza	90
Donde también me escondo	91
Su frescura y milagro	92
A la luz de siempre	93
En el escudo y oscilación del salmo	94

Prólogo

Noto en la ciudad semidesierta, con ruido de maletas so-
bre las losas de la calle, latas de gazpacho durmiendo en
la hamaca del contenedor, añoranza de mar y cielo, de la
palabra que olvidó su resina junto a la última esquina del
imposible aliento de la noche. La Poesía de Odalys Inte-
rián, la amiga que me manda su palabra en botellas per-
fumadas de verdad, la lejana pero refulgente compañera
que leemos cada día y nos traduce, desde su pretil, el cer-
tero lenguaje aljamiado del deseo, de la lucha sin tregua
por un ahora compartido, por un futuro de rodajas de pi-
ña abierto en canal. Es para mí un honor poder hablar de
los poemas de Odalys, de compartir la contraseña con la
que un día "que ya tenemos en el recuerdo", pudimos co-
larnos en aquella fiesta donde los toboganes rojos latían
como espuelas y los contornos del desnudo eran azogue
lento y suave percutiendo en el espejo de la infancia. Por-
que dentro de los versos de Odalys habita la infinita con-
tundencia de lo que fuimos en aquella fiesta, del temor y
el temblor de las pisadas al esconder el tamborcito y sus
coturnos, la voz que se perdía por los baúles donde mamá
guardaba impecable su juventud de torre de ajedrez.
La poesía de Odalys me moja, femenina, suave como la
caricia de un día de junio aún con el almíbar entre
los dientes, una poesía que recrea la poterna de la amis-
tad, la potente sillería donde escondernos en noches de
piratas, pero tiene la tersura de lo que se hace sin reme-
dio, poesía que es imagen del eco de lo cierto, la pervi-
vencia azul de todas las palabras que no supimos derra-
mar cuando tocaba. Ese mar que me vence, de Odalys

Interián, es el libro donde la gran poeta cubana y amiga nuestra ha puesto a secar muchas de sus pulsaciones más profundas, la ropa íntima que roza la pulpa de sus sueños y emociones y llena de fragancia a sal marina y a noche de salmuera. Todo un "mapa del lenguaje cuajado en sentimiento reposado", donde "el corazón se organiza en plegaria", donde el silencio, la muerte, el silencio de la muerte canta ronco sobre un amanecer de piel y zozobra". Toda la noche se oyeron pasar pájaros" y Odalys nos entrega en este poemario lo más granado y arenoso de su voz ondina. Brea y temblor de la tripulación que canta su ron en un Caribe que ya vislumbrara Saint-Jhone Perse. La poesía de Odalys suena dentro de su caracola y va llenándonos los sentidos con *sherezadiano* estímulo: nos hace sentirnos marajás en una noche que quisiéramos infinita, una noche con improbable amanecer, en la que la música del viento, el temblor de una naturaleza que en los versos de Odalys se machihembra con la carne *deseante*, con la delicada tactilidad del corcho mojado de vino dulce. Leer sus poemas deja en la boca mostos delicados de lluvia y de ceniza. Creo que su palabra poética va de lo cósmico, lo universal, lo telúrico al agua de todas las infancias donde todos perdimos un aroma de tiempo amarillo. Ese mar que vence a Odalys, reside en los escombros de la música que quedó presa en la añoranza de los sabores del beso húmedo y ardiente, un mar que Odalys conjura y al que dedica -como preciosa sacerdotisa o hieródula antigua- una danza de palabras que es el homenaje a las olas prófugas. La poesía de Odalys es un corazón en cada concha. Lo escuchamos, caracola lejana

nos advierte de que hay torres de marfil que no nece-
sitan de lo inaccesible: por su tronco se oyen voces
de la mejor tradición, Rilke de Ronda por Miami,
Bishop morena y soleada, *Trilces,* Tristes Tigres que
abordan malecones limpios, trigueña danza lorquiana,
paradisos recuperados en la extensión de la sidra, el
buen vino del lagar cubano, inmensa Cuba, pequeña e
infinita Cuba. Desde mi costa ardiente, brindo de co-
razón por los versos de la amiga Odalys, una poeta que
hace que cada día Madrid se peine y perfume con son,
con lo que perdura tras el canto, *"lentament comença el
cant..."*

¡Hasta siempre, poeta!
Victor Irún.

La Poesía es ese mar de Odalys Interián. Ese mar personal, único, intransferible. Mar que la vence y la levanta. Fiel a sus olas que son sus palabras, la voz de Odalys estremece y arrulla, con un culto a la imagen, limpio y solemne. Así, uno se encuentra ante sus versos, en esas orillas tomadas por sus aguas que son agitación y calma; amor y desamor; delirio y cordura; levedad y peso. Sensibles y bellos son los versos de Odalys o mejor dicho: sus olas.

Ana Cecilia Blum.

Lo que perdura

Hay lo que nos deja sin palabras, aun elevándonos, profundidades que no son abismos, que nos tocan con un aire callado y ausente, con memoria, mucha memoria de los días latiendo en su agonía leve y su temblor, en su paisaje de ayer, en esos soles que jamás se gastan, que son ofrenda y regocijo, que arden, que siempre arderán.

Lo que será recuerdo, lo que hoy nos llega incontaminado, ensimismándonos como el mar, en ese arrullo que nos puebla, la mucha voz del mar que no podemos y no queremos callar, porque también hay lo que no se oculta, lo que es imperecedero. La demasiada voz del mar, en el movimiento azul de los cerezos en el otoño, los pasos gastados en la luz, la misma lejanía de los otros confundiéndonos con sus ecos y siluetas, con ese perfume de noches que aclaran en su más honda tempestad.

Y hay la añoranza, hipérbole, divertimento, la amargura del hombre, el absoluto terrible que nos llega con su música. Y hay lo que se vuelve innombrable en esa juventud de las palabras, en el estupor del canto: el solidario gesto del amor enunciándose, el buen deseo suspendido en esa infinitud, la danza y la armonía nueva, la fabulosa nostalgia conciliándonos. Y hay lo que nombra, lo adánico del canto en el fulgor de las cítaras, en el paladeo y la alabanza cierta, en el anuncio y la revelación.

Y hay versos que nos habitan, llenos de distancias y silencios, mundos. Versos que nos encuentran, como si nos esperaran, versos en su frescura antigua de novedades proféticas. La poesía espera, siempre espera, es la eterna canción, el eterno canto. *"lentament comença el cant..."*

Odalys Interián.

Ese mar que me vence

De mis lectores

Odalys Interián, magistral escritora, conocedora del arte poético en toda la extensión de la palabra. Ese Mar que me Vence, es un mar que arrastra consigo todos los mares del mundo en una marea que nos envuelve a todos. Y es que Odalys, además de ser una excelente maestra, es innovadora de conceptos abstractos, amante de la metáfora y las imágenes, un genio moderno con una poesía intelectiva y bien plantada. Su género preferido: relatarnos la vida en todo su dolor y goce. Cada poema de Odalys nos remonta a lo más alto del universo; pero también nos hace hurgar en lo más profundo de nuestras raíces. Para interpretar su poesía hay que tener un corazón lleno de cicatrices, haber amado mucho y ser conocedores del sufrimiento humano. Vida y muerte se conjugan en muchos de sus poemas. Lo efímero y lo permanente se entrelazan en una mancuerna que no se diluye. Odalys Interián más que poeta, es una buscadora de los misterios más elevados, es todo un fenómeno literario que nos deja a los nuevos poetas, con el deseo de querer indagar más profundamente en los misterios de la vida y de la muerte.

Doria García-Albernaz.

Odalys Interián

Odalys Interián, voz poderosa que trae una nueva revelación, un hechizo dotado de palabras luminosas. Su firme carácter poético, su rebeldía, esa sabia intuitiva de profética hondura, esa visión obsesiva de índole espiritual, logran introducirnos sutilmente en las estancias de su propio interior, de una manera un tanto hermosa como perspicaz y profunda. Apoyada en su ritmo habitual nos incita a un análisis insuperable de la poesía. Cada poema cobra dinamismo, esa abundancia encantadora de imágenes intensas para obtener su finalidad y desembocar en un concierto de signos. Su poesía es una doctrina de palabras saludables, pertenece a un tiempo de vanguardia y nos revela en su búsqueda un nuevo cosmos de armonías provocando un efecto y una seducción en cada lector. La actitud que encarna la poeta frente a la desolación y el desconsuelo nos convence de que la poesía salva.

Germán Rizo

Ese mar que me vence

Ese mar que me vence de Odalys Interián.
Su escritura va dejando trazos en el alma; una poesía que escribe con naturalidad y elegancia, un reencuentro con nuestra propia naturaleza: pasiones, deseos, amores, melancolías, temores, muerte, deidades. Entrar en ese mar, adentrarnos en sus páginas, es como entrar a una vieja cava y hacer una cata de exquisitos vinos; sabores frescos, alegres, afrutados, añejos o vigorosos. Aromas sutiles que enamoran y embriagan al lector provocando un antojo de querer siempre un poco más. Lectura con tintes de interrogantes, pausas discretas y encriptadas, grises fragmentados, azules intensos, toda una gama de colores para adentrarnos en las emociones humanas, ligeras formas que tocan en lo más hondo al ser. Silencios que recuerdan esos *"abismos de intactas memorias"* Líneas que se entrelazan para revelar un paisaje íntimo. Versos que logran una textura delicada, una hermosa armonía entre sentimientos y elementos; un justo balance entre la naturaleza del hombre y la naturaleza de las cosas. Ese Mar que me vence es una caricia a ese lado animal que poseemos, *"un candor agitaba mi instinto de gacela"*, —nos dice la autora— reconociendo este sentir a veces primitivo que todo humano experimenta. Así también nos expresa la necesidad de clamar a lo divino para que interceda y nos salve de tanto horror: *"Jehová, organízame entre los pedazos triturados"* Un libro inquietante; pero que a su vez abraza, sosiega y pacífica, una

lectura que invita al viaje, y somos llevados a descubrir nuevos matices, nuevas maneras de mirar la poesía, y donde podemos reconocernos mientras damos vuelta a la página. Si para José Martí: *"Poesía no es, de seguro, lo que ocurre con el nombre, sino lo heroico y virgíneo de los sentimientos, puesto de modo vaya sonando y lleve como alas, lo florido y sutil del alma humana, y la de la tierra, y sus armonías y coloquios, o el concierto de mundos en que el hombre sublimado se anega y resplandece"*... Sin lugar a dudas Ese Mar que me Vence cumple ese cometido de elevarnos, lleva sobre alas al lector hacia esos mundos donde el ser visualiza su propia luz, con frases que tocan y conmueven el espíritu y lo encaminan a su propio reconocimiento. Usa una forma sutil para irnos adentrando en ese mundo de sentimientos, sin percibir, ni ser conscientes de cuanto se avanza. Así precisamente como cuando entramos en el mar y sus corrientes comienzan a llevarnos de la orilla hacia adentro, un mar que nos arrastra con esa fuerza invencible hasta dejarnos inmersos y desarmados. Para García Lorca: *"Poesía es la unión de dos palabras que uno nunca supuso que pudieran juntarse, y que forman algo así como un misterio"* y es de esta forma como la autora le graba a la poesía su sello personal, con cada línea, con cada imagen creada, con un estilo muy propio y trascendente, que quiere comunicarnos y hacernos percibir su esencia. En este libro cada frase, cada imagen que van tejiendo sus letras, hablan de ella. La poeta es la mujer que se nos revela en toda su naturaleza insondable, haciéndose eco de las palabras de Neruda: *"Si me preguntan qué es mi poesía debo decirles no sé; pero si le preguntan a mi poesía, ella*

Ese mar que me vence

les dirá quién soy yo" Odalys Interián, deja en nuestras manos: *Ese Mar que me Vence*, una de sus obras más sentidas y quizá una de las más representativas de su quehacer poético.

Carlos Alberto De La O Tapia.

Escribir sobre Odalys Interián es fácil por su gran sencillez; pero es también muy difícil por su gran calidad literaria, para mí ella es una poeta importante, las lecturas de sus poemas me acercan a mis poetas preferidos, a García Lorca entre todos. Hay en su poesía una reminiscencia de ese gran poeta que admiro. Una poesía que se hace familiar por los años que voy leyéndola y por lo que compartimos.

La poesía de Ese mar que me vence me enamoró el alma, Odalys Interián es una poeta extensa, profunda, con una poesía llena de imágenes que nos permite el acceso a otro conocimiento. Poeta de alto vuelo; ahora todavía con una voz más pulida que alcanza una mayor madurez. Mi gran maestra y amiga, estamos unidas de alma a alma y sus logros ya son los míos. Desde España le envío mi cariño y toda mi felicitación.

Mari Orquídea Blanca.

Odalys Interián

Leer la poesía de Odalys Interián nos deja una sensación especial, desborda siempre un sentimiento profundo. Sus palabras me enriquecen el alma. Me gusta como escribe esa poesía íntima y personal, donde el verso llega cálido y desborda tanto sentimiento. Su poesía para mí es vida, y es un pedacito de ella misma, que se mete poco a poco entre los poros de la piel y te hace vibrar y sentir cosas. Uno puede mirarle el alma y mirarse en ese reflejo. Me alegro tanto poder leerle y disfrutar de sus palabras y emociones. *Amarte/ es amar los pájaros /en cada borde /del fuego /Es amar el dolor /en su cuerda de arpegios solemnes /fundiéndose a la sed del vértigo y lo cotidiano.* Poesía que es un abrazo a los sentidos, una pasión sin medida que quema con su fuego hasta lo más recóndito del corazón. */Amarte es leer el fuego/ nos dice y es eso; leer en el fuego y descubrirnos el ser. Este libro es un canto perenne al amor: /Otra vez tú/impune /en lo masivo /en los grandes homenajes del sol /Tú y esa divinidad... Esa fuerza que tira de mí... /otra emboscada.* Una poesía llena de intimismo, pero conocedora del mundo, uno siente esa fuerza, esa seguridad de quien sabe llevar las palabras, una poesía que me llena de imágenes y consigue transportarme a un mundo mágico de nuevas impresiones. */Sométeme /a ese temblor de las palabras /quiero quedarme /Ser lo domado /Acordóname en esa libertad /de tus visiones /Hazme un verbo...* Poesía que es súplica, un desgarro de pasión, que nos lleva a lo insondable. Entonces agradecemos ser partícipe de su mundo, de su vida, y una agradece poder decirle: gracias por confiar en mí y sobre todo por ser mi amiga.

Ana García Cueva.

Ese mar que me vence

Ese mar que me vence

Y se van los días, llenos de gaviotas y recuerdos, de silencios difíciles. Y nos vamos en el plazo ardiente y discontinuo de la luz, en el viejo vicio del sermón, anestesiados, repetidos en la infidelidad de una palabra libertina, desnuda de pudor y miedo.

Este libro es un homenaje doloroso a esa fragilidad del hombre ante un destino inevitable, la amargura cierta del desamparo y la pérdida de la felicidad. Es un canto de nostalgia, donde el tiempo es ese otro verdugo silencioso, y donde el mar, además de ser símbolo es también lo incontenible, lo desmedido, lo que pone ante nosotros un límite, y nos recuerda nuestra impotencia. Ese mar que es paradójicamente la belleza de lo descomunal y lo completo, lo insondable y perfecto invitándonos siempre a la contemplación. Lo que va recobrándonos desde su fascinación y desde su eternidad, tocando las fibras más profundas de la sensibilidad humana. Y el otro mar, ése que nos vence con la ausencia más atroz, el que impone un aislamiento obligatorio, una barrera que no podemos traspasar; es lo inundante, lo que nos arrastra en su oscura marea de alga y fango. Un mar contaminado que nos daña recordándonos; el hundimiento y el vencimiento como destino total. La poeta nos dice: *"vencida, en el éxtasis imperdonable del mar, sorteando el homenaje del exilio y la palidez de los colores violento"*. Un mar en su espesura cotidiana, una profundidad que oprime soles en su intensidad, en su ritmo de ayer.

Y es lo luminoso, ese cielo final de la mirada dibujando la luz, y es lo vicioso de la muerte en su cuerda de agua.

Un mar numeroso pululando en la negrura y la poeta es Ofelia dejándose llevar por la corriente, ella perdiéndose en el ruido sonámbulo del agua, fluyendo a su naufragio. *¡Ofelia que va, cómo va la muerte a su intemperie de rosas blancas!* La poesía es memoria, un sitio por donde volver a lo vivido. La poeta testimonia el ayer, busca el lector para hacerlo cómplice, no solo deja su mirada, también lo invita a participar en el diálogo. La voz se renueva y recrea escenarios en la armonía de la palabra y la estética del lenguaje. Entramos en un laberinto y vamos descubriendo cuan insondable son los signos que revelan la existencia, la memoria del pasado y lo que armoniza o desarmoniza su vida. La búsqueda de una verdad esencial, una verdad imprescindible, el conocimiento de sí mismo desde una dimensión absoluta. La poesía que es búsqueda de riqueza y énfasis, en ese ejercicio obligatorio de ordenar y desordenar la palabra, la que encuentra para narrar sus vivencias y para extraer del imaginario los encantos e iluminaciones del símbolo. La palabra para revelarse, para escudriñarse y escudriñar el universo. Ella, un sol en el brote enfermizo de la muerte. En el balanceo agónico del verso y la nostalgia. Allí, —Nos dice en una cita del libro— *"No hay nada sino un grito. Un grito, otro deseo. Sobre una trampa de adormideras crueles"*. En diálogo con una tradición que interroga, Vallejo, Dylan, Pessoa, Celan, Rilke, Rimbaud y muchos otros. Sigue el camino de la búsqueda, amparada en el soplo divino de la poesía, repitiéndose o simulando esa recreación que es también multiplicidad. La poesía que es *"summa"* y es múltiple como la vida en ese intercambio y resonancias que constituyen el todo. El lenguaje en toda su plasticidad para ayudarnos a ver que hay poesía en todas las cosas, nos pinta escenarios alucinantes, universos íntimos, y una realidad insospechada. Poesía que tiende a una apertura permanente, deseosa de conducirnos hacia lo espiritual. Este libro quiere ampararnos en ese itinerario, además de mostrarnos el sitio del dolor, un mundo que siempre está fracturado, un mundo al borde del colapso, a tiempo de hundirse en sí mismo y de llevarnos con él; también busca mostrarnos el camino hacia la salvación. Y ese camino es el amor, amor que salva de la angustia y de tanta miseria y abandono.

Hay un camino de resistencia y es la poesía, y hay aún en ella, un canto jubiloso a la vida, el nombrar incondicional en ese sentido trascendente que se extiende hasta alcanzar esa visión de plenitud. La poesía de este libro, es un canto a la ausencia y al amor; sobrevive el poeta en ese batallar entre la consciencia y la eventualidad, entre la memoria y la esperanza. Porque sin la esperanza vivimos mutilados, es lo que nos ayuda a vivir mientras esperamos ese algo mejor; porque a pesar de todo, nada es disoluto y también la muerte tendrá un fin. Agradecemos este intento, toda esa fuerza creadora que es la poesía. En ese deseo y necesidad de liberarnos y armonizar la existencia, ella crea su espacio redentor, un espacio salvado, y vamos uniéndonos a ese canto de vida que homenajea al hombre.

O. I. G

Encontramos en la poesía de Odalys Interián, una lucha bravía contra esos flagelos que conmueven su sensibilidad, "el duende" de Odalys se enfrenta con sus propias armas a ese mar personificado y místico que es la poesía, ella es la que vence el destino y debilita con matices y plegarias la furia de esas aguas. La poeta se desborda en sí misma, brilla la estética de un lenguaje preciso y contundente donde el mar es espejo, pozo, en el que la poeta se desata en diálogos y logra remover los miedos que la acosan para disfrutar de la sal y la espuma que tejen su camino.

Pilar Vélez.

Ese mar que me vence

Sílabas Y Otoños

Los recuerdos serán
los grumos de sombra aplastados
así como viejas brasas en el camino.
El recuerdo será el ardor que hasta ayer
mordía en los ojos apagados.
Cesare Pavese.

...y la escritura
sea de palabras lentas y rápidas, agudas
para herir, pacientes para esperar,
insomnes.
W. C. Williams.

Y cuando escribas no mires lo que escribas,
piensa en el sol...
Gonzalo Rojas.

Odalys Interián

Un vuelo detenido
un preámbulo
todo dispuesto en su color
y llama
sin que la sutileza borre el mar
y la estación.
Como si la noche fuera en el silencio
      lluvia
           un deseo
                un latido del sol.

Como si amaneciera.

Ese mar que me vence

Todo va al sol
esas migajas de luces
el aire místico y poblado del amor.

Y va el trueno
la propia tierra ahora encendida
lo que arde en la nube.
Y van los mismos soles
en su giro violento
en su ascua estremecida.

Y todo va y voy
sosteniendo la asfixia
y color de esos volcanes
ese arrullo de palomas
domadas
en su lluvia y ceniza.

Y se van los días
llenos de gaviotas
y recuerdos
de silencios difíciles.
Y nos vamos
en el plazo ardiente
y discontinuo de la luz
en el viejo vicio del sermón
anestesiados.
Y nos vamos
repetidos
en la infidelidad
de una palabra libertina
desnuda de pudor y miedo.

Ese mar que me vence

Volver al impulso
a lo claro y sensual del amor
en su lluvia y pájaros
a esos otoños divididos
por el sol y la continuidad
volver a lo feroz y animal
a lo profundo de la tarde
en esos ojos.
Y volver al verano
al bullicio de la luz
sobre los frutos y las magnolias.
Repetida música
ese horizonte
donde se quema el sol
y la inocente nube.
Y volver a la vigilia
impenitente
sorprendida por el rayo
y la palabra.

Imagino el signo y la lámpara
el telar de iniciación
el recorrido de la luz en las plegarias.
Imagino el volcán
la escasez prolongada.
Todo girando en un pozo de lava
la imagen del dolor
el hombre siempre.

Y arder   aún ardo
azafranada en la luz y la nostalgia
en el temblor final de las palabras.

Quién se aliviará Dios
Quién aliviará
el relámpago final de los muertos.

Ese mar que me vence

Escapa
la oscuridad es un viejo vicio.
Busca el aire
la perfección de las palabras
dispersas
la chispa creciente de esos ojos
en su inserenidad.
Basta de estar adentro
en la luz obligada
en ese espacio único
y amurallante
donde se dispersa la vida.
Despierta el corazón
teje de prisa mundos perfectos
extrañas vanidades.

Ahora puedes oír
el deshoje de otras lunas
los blancos esplendores de la música
y ser   ahora.

Apagué las velas
dejé que la penumbra me inundara.
Así traté al amor y le ofrecí mi cuerpo
Y me ovillé dejando que el silencio
me domara.
Bebí de su reino
de su oscura mañana.
Y me quedé
en la espuma de esos sitios vacíos
del corazón y la memoria.

Y recé para quedarme
numerosa y sensual en cada sílaba.
Para quedarme
fiel y sumada a la visión
y los reflejos
en el hondo laberinto de la tarde.

Ese mar que me vence

Me hice extraña ilegible
cerrada a la violenta ilusión
de la mentira.
en el sabor aprendido de la luz
y la llovizna
en esa efervescencia del amor
juntada y lamida por el sol
deshilvanada
en lo pleno del rocío y la tempestad.
Única en la pureza del temblor
y las palabras
abierta al latido
al fresco relámpago en mi carne
a la cordura.
Me hice al desamparo
y en el reposo
la vida se escribía innumerable.

Sé ordenarme
irme vaciando el dolor
y la tristeza.
Comenzar el verano
el juego de la luz
en la profundidad de las palabras.

Continuarme el rostro
y la ternura.

Mover la soledad
esa cortina de burbujas y peces
que encienden los veranos.
Del corazón
su marea extendida.

Ese mar que me vence

Guiada
toco el aire desde lo inmóvil
y la fragilidad.

Sigo abriendo brechas en la luz.
Todo ceñido en mí
distante.

Y sigo la memoria
desde el estruendo.
Y siguen mis sombras
guiadas hacia la blancura
del signo corriente.
Hacia la libertad
de esa única muerte
que es el silencio.

Toco el mar
la cifra serena
el volumen de su espuma dormida.

Y circulo lejos del incendio
del sofoco del sol y la premura
olvidada del signo de la luz
y sus grises ramajes melancólicos.

En estos abismos
de intactas memorias
en este único mar
que me descubre y devuelve
ceñida entre los pájaros
y la emoción de las palabras.

Ese mar que me vence

Un mar en la fijeza de la luz
en el remiendo y corteza
del deseo.
Un solo linaje corroído
y despierto.
Un aire en su arena
y relámpagos domados.
Un alga sola en su sal de visiones
floreciendo.

Un mar y sus gaviotas
en los filos y mástiles de la tarde.
Un mar que vuelve
que siempre vuelve
cayendo
una ondulación   un devaneo.
en el temblor febril de las palabras.
Un mar convocándonos
mar que vence otros mares
en su serenidad.

II

Un mar

un breve mar

un zumbido apenas

pululando en la negrura

en su hondura

       y cautiverio

en su horizontal destino

de llorada infinitud.

Ese mar que me vence

Viajamos
a lo improbable
a ese capullo de eternidad
de estremecido silencio.

Hasta esa playa
donde gaviotas nocturnas
simulan un vuelo de lejanías
un eco apenas
otra lluvia
rozando el sol
organizando la plegaria.

Pero existe un nogal donde habita el invierno,
un lejano nogal, doblado sobre el agua
                              Julio Llamazares.

Y sé de los inviernos
su densa soledad
la continuidad del frío
insistiendo
su gris reflejo.
La marcha del tiempo
diluyendo los copos.

Y tu voz
mutilada en el juego.
Sepultada en la tormenta
de esta hora estridente.

Ese mar que me vence

Lo húmedo del sol
en su barbarie de cánticos
en esa trascendencia
desconocida.
En su victoria
juntando lo terrible al desamor
un trazo hilado de gaviotas
en mis huellas.

Y fue la lluvia
su pasión deshojándome
su pedazo más íntimo
de silencioso río
arruinando mi sol.

Ruedo en la lluvia
amotinada y dispersa
en la alegría leve del recuerdo.
Y me adelgazo
en cada escombro de la luz.

Y ruedo
       como
             esos
                    pájaros

que han perdido su niebla.
Un estupor vencido de noches
que crecen.

Y toco la ardiente espesura
del recuerdo.
Los duelos cercanos
del tiempo pasivo.

Ese mar que me vence

Y nazco en otro bosque
en el deslumbramiento y la osadía
de ese tiempo temprano.
En lo enajenante de la luz
y la retórica.
Y voy llena del paisaje
ignorando las lluvias
los silencios
simulando el reflejo
en la contentación de las palabras.
Y me florece el viento
la imagen pasiva del amor.
Y nazco en el deleite de la imagen
en la fortuita humanidad del verso.
Y me florece el néctar
que madura los delirios.
Esos otoños intensos y soleados
del corazón en su angostura.

Mi espera se vuelve un animal

      gotea
               de nuevo
                          un mar
                                   y un espejismo

ese naufragio sordo del silencio.

Sobre la cruz
sus siete soledades.

Y sigo movida por la memoria.

Estoy en lo vencido
qué me rescatará
Quién.

Ese mar que me vence

Una bala en mi cabeza
y alguna maravilla.
Duendes
un ruido de campanas
reinas   un coro repudiándome.
Y me encerré como Emily
un geranio
una biblia
un concierto de metáfora
para alimentar el bullicio
de tanta soledad.
Y me encerré
como quien busca en el verano
hasta encontrar un fruto.
Y busca la serenidad
y se adormece.

Libertad es siempre un espejismo.

Cerré todos los círculos.
Tanto animal y tanta noche en mí.
Tanta lluvia
y la palabra en el parto
en el desorden fiero.

Y tuve un mismo amante
en ese pabellón
un único amante
Dios.
Con salmos y cítaras
excité al tiempo
en su pantanoso laberinto.

Todo es sereno en mí
naufragan los otros.
La lealtad es mi vicio.

Ese mar que me vence

También caí
y di con un reino.
Destilaba abundante el corazón
su paraíso
la gigantesca estación.
Tanto rumor para cubrir mi huella
tanto atardecer y pájaros
un revuelo.

Di con un reino
sermoneaba la luz
los frutos del verano.

Lluvia dulce mi antigua alegría
un candor agitaba mi instinto
de gacela
el sol volvía sobre mí
fundiéndome a la vida.

Diría que es amnesia
la palabra.
Ha de rogarse
y la luz con su ruido
y su mísero disfraz.

La palabra es peligro
viene a lamer a la belleza
el erotismo de sus potros desbocados.

Y viene a silenciar
intraducible
en esa cacería la palabra
óleo y ayuno
obrando un adjetivo
dulcificando la muerte.

Amén por la palabra.

Ese mar que me vence

La palabra conmoviéndome
algún retazo de cielo
y paz
y lluvia amontonada.
La palabra
en su oscura cercanía
una profundidad.

Y la palabra armándome
como si la noche fuera
un enorme zumbido
y afuera.
Al unísono
la manada en su ronda.
Afuera
esa cofradía que asusta
el silencio en su embestida
en su mímica y tartamudeo
en su pausa violenta.

Del apocalipsis fue la charla.

de mi Dios

de la repetición y el exterminio.

Del pulimiento de la espada

y del degüello.

Del granizo fue.

De la expiación del verbo.

De los ángeles en la ascensión

goteantes en su cólera.

De lo juntado y la infidelidad

del santísimo fue

y del florecimiento.

Del cuerno de David

y la misericordia.

De lo sanado fue

del pasto que viene a ser la luz

de lo plantado

y la germinación.

De la ira yendo a su descanso.

Ese mar que me vence

Jehová organízame
entre los pedazos triturados
salva la palabra.
Quizás algún fragmento sirva de sol
Salva estos ojos que cuelgan
traspasados
en la miseria de la cruz.
Como árbol seco el corazón
como comba en el muro
como paloma zureando tristemente.
El dolor es semilla
nos enseña el latido y la desemejanza.
Bebe mi espanto de luciérnaga
en el fango
el inmenso charco de la luz
sobre mi espalda.
Y salva la sílaba
la soledad en mi cráneo
gimiendo como un oso.

Con qué nombrar
si la palabra tiene agujeros enormes.
Si nada completa
ese sonido agudo del silencio.
Si no hay disfraz para esconder la tarde.

Con qué nombro
sin las palabras a donde huir.
Si sigo entorpecida y débil
fracturada en ese vacío
inmenso que es la soledad.
Con que nombrar lo que devora
este desangrarme
en la honda claridad del miedo

Ese mar que me vence

De mí en el disturbio
en esa enfermedad
domando la palabra
vigilando los vientos
recogiendo el despojo
las rapiñas
y el mal coágulo
de mí.

En el numeroso ay
esclavizado
en el ayuno y la sed.

Sobre mi multitud
en el sermón y la caída.

Levantándome.

Un muro
una imposibilidad
no digo un área
digo qué
una invocación a la ausencia.
Odio
volúmenes de odio
hundiendo los claveles del aire.

Junta la necedad
un desorden
una pared donde clavarnos
y clavar la poesía.

Un intento
un cruel intento
de miserable desunión.

Ese mar que me vence

Palabras para sanar
y construir un tiempo
esa medida que se agota
en su distancia.

Para traer la lluvia
a esa trascendencia del amor
y las promesas.

Esas memorias
pájaros en la intensidad del vuelo
lamidos por las luces.

Palabras en ese acierto
tocan incurables
todas las noches
ese rojo dañado del silencio.

Odalys Interián

        Aquí

            todo

                es pérdida

                    fluyendo.

Ese sonido muerto
y pestilente de la luz.
Coinciden las bestias
los fríos sermones.
Todo es náusea
imposibilidad de saber
y creernos menos
atados
esclavos de qué.

Aquí todo anuncia las mentiras
se cruza el miedo y el silencio
un humo comprime las palabras.
Una larga cicatriz sobre la desbocadura
de los fríos idiomas.

Un gesto inicia la desolación.

Ese mar que me vence

La casa es esa vela que se apaga

Dónde encontrarme y quién
soy de noche en mi casa
con los ojos cerrados
o cuando va a sonar la hora de la muerte
y me quedo sin voz enterrada en mi aire
invulnerable y ciega.

Idea Vilariño.

A la memoria de mi padre

Estos poemas llegan tarde padre
era largo el camino
y era deslumbrador
el cerco de gaviotas   y el mar.
Esa fraternidad desconocida
esa girante humanidad de la palabra
arrullándome.

Ningún poema para ti
anduve ciega
tardaba la estación
las siete rosas de Celan
como castigo Padre
el tiempo y la maleza.

Ningún poema para ti
cierra la puerta
mis hijos también duermen.

Ese mar que me vence

El temblor de la luz acobarda
   el silencio
      como
         una mala hebra
            cayendo.

La culpa arpa dormida.

No quiero despertar
el corazón no late aquí
tampoco la esperanza.

La poesía dañándome
el ruido del silencio
el rezo amargo y solo de la luz.

Madre en lo sonámbulo
en esa persistencia de la voz
tañendo.

En esa lejanía perdida
en esa conciliación
en el rojo nauseabundo de la soledad.

Perdiendo
el vuelo del pájaro feliz
sobre los últimos ecos.

Ese mar que me vence

En que espejo mirarse, en que laberinto
suena la soledad mordida por los perros.
Vicente Alexander.

En ese limbo de asperezas y memorias
hay siempre un verdugo tras la sombra.
Y hay siempre una manera de caer
y un espejismo.
La soledad es el juego
diluvia en cada anochecer.
Padre con su trueno convocándonos
a esa ronda feroz de la alegría.
Silvia   Arahys   Manuel
en qué nudo de sueños me quedé
en qué rojo unánime y desvanecido otoño.

Padre lleva un nuevo antifaz
para ahuyentarme.
                    Padre muy enfermo
trayendo al ruido un ruido soberano.
Y me daña la música
el remolino del sol envejeciendo.

Padre en el resplandor alucinante
y moribundo del regreso.
En el relámpago de la gran luna
de los tiempos fatales.

Y la ciudad en su escombro
de muerte ensordecida
en su lluvia de lápidas
y miedos.

La casa es esa vela que se apaga.

Ese mar que me vence

Ciega esta la casa a pesar de las lámparas
Claude Esteban.

Padre en su polvo y almendra
en el verde pulido de ese horizonte único.
en la noche venenosa
bajo la totalidad y *extremadura*
de esa luna reciente.
Y estaba el pan
la estremecida luciérnaga en su boca
trazando en mí
un nuevo esplendor de cicatrices.
Y me repite el geranio antiquísimo
de su mano rubia   el sol
los pequeños vientos de la luz
en su fría mañana.
Y me repite la lluvia
ese temblor de frágiles muertos
la impalpable negrura del corazón
despoblándose.

Padre lanzado
hacia otro horizonte
hacia las entrañas
       y vertientes del mar.

Hacia los epitafios
       de esos rojos
           silencios
            desangrados.

Ese mar que me vence

Madre en esa fragilidad del amor
y los silencios
otra luna en su cristal
en su agonía de sueños intocables.
Otra desmedida
en su lluvia
en su marchita niebla.
Asombrándome
la vieja mansedumbre
el aire irrepetible de esos ojos.

Otro abismo llamándome.

Madre derramada
en el verano que insiste.
Y rodará el sol
y rodaremos en su ascua bendita
liberadas de lo insondable
y demencial del tiempo.

Las tres sin desayuno
               de este jueves Vallejo
y en el temblor e injerto de esta tarde.
Aumentativo el sol
desgajándose
el anzuelo enemigo de esa música
que anda sin padre y anda
con su armónica guadaña de tristeza.

Las tres sin hijo de esta tarde
y en el ayuno bárbaro
la lluvia como un pan.

El ay soberbio de la vida
dándome en toda mi batalla.
Y voy con estas fieras
virgen y soleada de deseo
inconsolable

apolillada en el eje de luz
desconocida
en la ciudad de este disfraz.
Obediente
el corazón en sus tambores
en su amalgama
de llantos y exilios.

Odalys Interián

Hasta Cuándo
        a Rubén, Emmanuel y Dariel.

Hasta juntar las cuerdas
lo hiperbólico del llanto y llorar,
Llorar de amanecida lo volcán del arpa
los desbordes nuevos.
Hasta que ardan las espigas
ese puño de párpados abierto en cada cicatriz.
Hasta que la idea desmorone el fuego
y llene de ruido la tristeza inexcusable.
Hasta que enfundado y femenil el sol
madure y arrincone.
Hasta que me respire y padezca
y hurtes la nube profunda
la sombra que es deseo.
Hasta ser lo velocísimo
la sangre que seca las visiones
lo hondo en la vena de la resurrección.

Ese mar que me vence

He dado de narices

apurándome

y me bastó el hocico

para beber del hormiguero bravo.

Y me bastó el carácter para vencer cíclopes.

Vástago en el desarme.

Sol en el balanceo agónico del verso

y la nostalgia.

Piedra desnuda en esa compulsión

reteniéndome

lo narcisista del deseo y la luz.

Esa insonoridad sonando

Pereza e impulsión de las bestias

que pastan.

Y me bastó el drama y la desobediencia.

Verdugo corazón en su martillo

los 70 silencios

Las 7 veces 7 del perdón.

Ser uno Hölderlin
en el entusiasmo de los pródigos.
En el sí mismo natural
donde nos despeñamos los poetas.
Ser uno mistificarnos en la alevosía
del que calla.
Únicamente uno
ir en lo incurable   en lo alemán
atormentados
en la vieja espina del baile Mayúsculo.
Ir en el disparo
unánimes en la demencia
y la nostalgia del exilio
y sangrar.
Las palabras nos juntan a pedazos
el ser que celebramos
en lo sufrido de la celebración.
Llanto más que llanto el verbo
hermoso en lo lúcido
en el colapso de la muerte.

Ese mar que me vence

I

He bebido el veneno de la tarde
y sigo en su inmovilidad
desvaneciéndome.
En el sonido frío del silencio
en el despertar irónico
de la luz mutilada.

II

Esta que no conozco
llenándome el silencio
la carencia mendiga de la soledad
el amor breve
y vuelve a organizar
un sol y una melancolía
un empuje
para llegar a las palabras.

Desaprendida
en el murmullo natural del fuego.
En ese imperio
de la estrella sobre la ola.
Inclemente como el mar
en esa terquedad impronunciable.

Apesadumbrada
en la crueldad del amor
como un cielo frágil
y desconocido.

Multiplicada
en ese retoño de ecos
que se guardan los años.

Ese mar que me vence

La que no se alivia con las lluvias
ni con los cánticos que entono
la que atormenta las gaviotas
y mi silencio.
Triste arriera   fatal equilibrista
sin cuerda ni apoyo.
La otra   la que danza
luciendo los disfraces más serenos
Contradictoria en el cielo de su pacto
con querubines y zafiros
y alas de tempestades.
Cazadora.
La del pelaje azul y las serpientes
la que desde mi vértigo
devora con ansia animal
y mira desde el odio.

La incurable embrutecida
desde su enjambre y melancolía.

La otra

la que tira y ordena los espectros

fundida a la raíz sin esperanza

 La que ordena

                y desordena.

La que hila hilando al corazón

sesgo a sesgo en la hondura

un nido de buitres.

La otra

        la anoréxica

                la del monólogo.

Expulsada de mi silencio

agrede.

Ese mar que me vence

Siempre supe quién era
y bendecida
planté   labré   cosí   besé.
Me sorprendió el amor niña
sol y piel y flauta
Sulamita.
En esa tempestad de palomas
enloquecidas tras otros soles
y otros respiros.

Junté un rebaño
Hebra   pequeño polen.
Temí no me avergüenzo
en el monólogo del tiempo
volvían los cuervos de Dios
alimentarme
su ángel selló la boca de la fiera.

Embrión
una bala en la palabra y los suicidios.

Anticipada como esa luna
que rueda en los espejos.

Solidaria en esa circularidad
de los vientos húmedos.
En el vagabundeo de la noche
y en la complicidad.
Liberadora sobre la cruz
como un último Cristo.

Estuve en cada ceremonia
veleta en la noche perdida
niña aún   niña siempre.

Ese mar que me vence

Masiva en el peor color
en esa impunidad del símbolo
robándole al amor con estos ojos
que armaron
el vertical comienzo de la luz
y las plegarias.

Esta ciudad me construye
un gran madero
un vendaval de espasmos
y luces muertas.

A la memoria de Ángel Ganivet

Siempre la misma soledad
cargada de los otros
el río en su angostura
en su jaula de niebla el corazón.
Siempre el agua renovándose
el impulso
los latidos reales de la sed.
Siempre el pájaro en el árbol
y la estación.
Siempre la trampa
el estirón pacífico del sol que se resiste
a quedar en la penumbra.
Y el silencio siempre
y la luz como un cuchillo y la palabra.
Páramo y más páramo la oscuridad.
Siempre la noche
y la muerte siempre
un pupilaje sereno
sobre la luz insomne de los peces.

Ese mar que me vence

Quita esa corteza
abundante de sol y pámpanos
de luces mortuorias
y ecos dispares.

Desabriga el corazón
de lo fértil
de esos fríos vendajes
de palabras domadas.

Libérame de la memoria
de lo tempestivo de la música
en su noche
del silencio
y de su mucha oscuridad
recíproca.

Odalys Interián

Me arma la tempestad
y giro
en el desamparo de la luz
en su eterna melodía.

Nada me alcanza
ni la soledad del trueno
ni el resplandor de la ceniza.
El bosque arde en mi cabeza
esa larga sombra de árboles
extendida.

Y sigo de halcón en halcón
tejiendo nidos de esperanza.

Ese mar que me vence

Agrega a los silencios
esas aves
un manojo de luces y vertientes.
Suma la noche a la espesura
ese trébol que gasta la mirada
y agrégame oceánica.
Suma ese desorden de palabras
que soy
carencia que vence el tiempo
y la soledad.

Vaciémonos
el ruido y la retórica
el corazón reboza
de frases y dolores inútiles.

Desconocernos
para embridar esa armonía
de la noche
el enloquecido color de las palabras
en su doliente espacio.

Y continuar en los escombros
bajo la transparencia del ayer
unánimes   amónicos.

En la penumbra
una estela de invisible caos
una hondura a donde ruedo
un baile
y la palabra silenciada
en su hundida raíz
en lo desmesurado
y humilde de la muerte.

Ese mar que me vence

Se trata de romper
cadenas y ademanes
círculos
en su errática costumbre
de encerrarnos.

Romper ciclos
en su largura de abismos infinitos
se trata de insistir
y salirnos.

Salir del eco y la negación
de ese desequilibrio
que es la continuidad.

Cada obsesión fragua un comienzo.

Odalys Interián

El desamparo
en su terrible vacuidad
y la noche
trayéndome a la orilla
a lo infinito del amor ignorado
en ese lazo que imponen los silencios.

Y no puedo avanzar
este hundimiento alcanza
esta vigilia
estas ganas
de beberme el sol desde el milagro.

Ese mar que me vence

Jamás seré reo
vuelo
presumo en la palabra
esa hondura y distancia del amor
que homenajea su libertad más libre.

Jamás lo inmóvil
lo desabrido del silencio y la llovizna
rebajarán mi luz.

Jamás encierro y soledad
doblegarán mi mundo.
Esa esperanza abierta
que sostiene el sol en la tormenta.

Me descubres en la brillantez
embravecida
en la increíble salmodia
de la luz difícil.
En la tristeza devorante
llorando el hijo que me falta.
También huérfana.
No hay música en al sílaba
solo un galope tenue
una nota estridente bajo otro sol.
Tú en el tamiz del día
viéndome destejer
Penélope hilo a hilo ese funeral.
Ariadne hilo a hilo la escapada.
Tú en esa serenidad
juntando el delirio a las sombras
el inmenso reflejo de un otoño mejor.
Tú en el derrame de otra madrugada
devoto juntando mis silencios
completándome.

Ese mar que me vence

Espaciada en la tinta
vencida en el insomnio del signo.
Esclava sí
me abandoné al juego fingiendo la luz
respirando esa fiesta del color en tus ojos.
Traspasada en el filo de la letra
fijada a su intemperie de sombras azules.
Vencida mi multitud
la forma del deseo en su metralla bipolar.
Y sigo en el aprisco como rebaño fiel
en la quietud de la penumbra
lamida en el encantamiento
de las horas profundas
de ese río que late en mi cabeza.

Siega lo dilatado de la luz
y bebe ese rocío
lo que desciende.

La palabra estremecida
lo atroz y divagante
de la ausencia.
Bebe su lluvia
el muérdago del último verano
donde también me escondo.

Ese mar que me vence

Saber lo lejos del desequilibrio
el otoño ansiado
los himnos
la marcha frondosa hacia el amor
y las libertades.

La palabra en su música
y sublimidad
para organizar la invariable noche
en su color y máscara.

Toda esa mística
desabrigando el sol
Ese andrajo desde donde ventea la luz
su temblor pacífico
su frescura y milagro.

Esa tensión del sol
en mis insomnios
desflorando las noches
un torbellino de cisnes
en su mordaz silencio.
Y vuelve a ser señuelo el reflejo de mi isla
sus ríos claros
ese aire que enciende el ramaje
y los otoños.
Y vuelvo a sentir el anochecer
en las vicarias.
La brisa olorosa del mar
en su racimo y plegaria.
Y vuelve a ser imán
lo pantanoso de la ausencia
esa apertura mística del silencio
su cañada abierta
a la luz de siempre.

Ese mar que me vence

Un silencio
un brevísimo silencio
una hebra deshilándose
un crepúsculo
y la palabra en su mímica
rebosante
armándome el vuelo y la eternidad.
Una misma rutina
el mismo retoñar en el descenso
y la contemplación.
Muchos en el signo de un mismo
despojo   en la fatiga.
El corazón en su estación más fiera
midiendo las palabras
enmendándose.
Resplandeciente en el escudo
y oscilación del salmo.

Aquí

      cae siempre

           el sol

y la palabra
el verde que palpita
intransitable.

El amor llenándose de ríos
de palomas que abren las memorias
con su vuelo y linaje.

Aquí el imperio
lo numeroso y cordial de las luces.
El hombre
en su breve eternidad de límite.

Ese mar que me vence

Del sol lo que prefiero
la danza de colores y nostalgias
lo que llega al tuétano y calienta
la promesa.
Del sol su rutina
y homenaje
las vísceras abiertas a la melancolía.

La voz latiendo en la distancia
el corazón en su gaza y ceremonia
en ese grato almenaje de la luz
y las palabras.
Del sol lo quimérico
de su claridad
lo que nos une
al plazo y la catástrofe.

En lo marchito y susurrante
de la letra.
Un dibujado bosque
una cadencia de perfumes
y signos

Un balanceo
el sitio donde mueren las gaviotas
y el amanecer

Y en lo nostálgico
en esa violencia y candor
del tiempo
apostado en el enigma Dios
y verbo
en su nudo de sombras
en su perfecta armonía
Coincidiendo.

Ese mar que me vence

Quedar en la palabra
vencida
en lo que se vuelve ayer
en el pulimento y estrategia de la luz
en esa suspensión del mar en los inviernos.

Anulada en la barbarie
grotesca del sonido.

En esa asfixia serena del mar
en un letargo de noches
que completan
la música de todas las batallas.

Y quedar vencida
entre dos soledades
simulando un acorde.

Crezco el eco
desde su mística.
Dilapidando la noche
en su envoltura.

Desde la quietud
forzando el tiempo.
Cruzo el aire vagabunda
desde lo estático
y denso del milagro.
libre   regocijada
en la palabra siempre.

Ese mar que me vence

Quiébrese la luz en su linterna
en el estruendo de múltiples
y soberanos Luciferes.
Quiébrese en su cielo
en su algodón.
Crómese en su nieve
 de astuta lejanía.

Quiébrese el dolor en su batalla
en su aguijón y fiel infarto
en su migaja de abundantes peces
en su dardo y lágrima
en su tanteo universal.

Quiébrese el silencio
en su ronquido
en su desparpajo de mares
inundando la escritura.

Conmemora la audacia de vivir
esa intolerancia de los miedos.
Deléitate en saber a quién le debes
quién te organiza
empéñate en lo bueno y agradece.
Florecerá ese ramaje íntimo
del corazón en la plegaria.

Florecerá lo dulce
en su nácar la luz
en su espasmo el silencio.

Florecerá su lluvia
y en su tambor de tiempo
Florecerás.

Ese mar que me vence

En el brote enfermizo de la muerte

Se dará el tiempo al perdón
me daré
seré el crimen
esa deformidad
espantosamente feliz.

¿Cuándo me consolarás?
Salmos 119:83

Luces como lenguas hendidas
Penetrando en los huesos hasta hallar la carne,
Sin saber que en el fondo no hay fondo,
No hay nada, sino un grito, un grito, otro deseo
Sobre una trampa de adormideras crueles.
Luis Cernuda.

Siempre cordial
un amparo
un muérdago bebiéndose la luz
legitimado el riesgo.

Samaritana
me pervierte el sol
los pámpanos ardientes del verano
en su destello único
en su complicidad.

Y soy un charco infinito de palabras
un templo a las misericordias.

Lo amargo que bebes
una dosis serena de desorden
un signo pacífico
de demorada muerte.

Ese mar que me vence

En mí vive la oscuridad
inmóvil
ese aire siempre fiel del amor
en su marea y sonido.

En mí las mañanas
el adorno luminoso y cordial del sol
en su olímpico juego.

Lo invariable y mudo
de ese cielo
en los anclajes del verano.

La vida extasiándose
y la palabra
ese cortejo memorioso
del tiempo
agonizante de ayer
en su antiguo color.

Odalys Interián

En mí un reino
lo numeroso de la libertad
la alta fiebre de los frutos
en el incendio de esas lunas.

Agua vibrando en su semilla
y en el torrente
Dios
en su flora y latido
organizándome.

Ese mar que me vence

Indivisible Dios
desciende por la urdimbre del verbo
y mueve la pereza
indescubierta
la frialdad de la rutina
y visiona
el triste desencuentro de mí misma.

II
Me apuntala el sol
y la belleza
el magnetismo de la luz
en su círculo cerrado.

Y me consolará Dios
en su blancura y mineral
en su mímica
de silencios solemnes.

Odalys Interián

Llenándome las manos
un ciprés
el reflejo de Dios
y soporto la podredumbre
de la higuera su esterilidad.
Como gacela espantada
como rebaño que nadie junta
festejo la oscuridad
prefiero el risco y la palabra
la tristeza siempre.

Y soy legión
un sol
en el brote enfermizo de la muerte.

Ese mar que me vence

Ahora esta muerte
un tránsito
desde lo pendular y liviano.
Otra muerte y la estación
en las violetas deshojadas
en lo clarividente del deseo.
El corazón en su vanagloria
rodando a la luz desde lo lúcido
desde su imposibilidad
hacia el perdón.

Esperaré no mi muerte
esa caravana de sílabas y otoños.
Un eco para abrir y organizar el aire
la máscara sensual de las palabras
en su abundante mieses
golpeada por el sol.

Armé la luz y un horizonte
un trazo límpido
donde colgar el corazón
esos ripios de júbilos
que alcanzan el vértigo.

Armé la libertad y un entusiasmo
un ropaje de máscaras y lluvias
Una monotonía de ríos
y cielos serenos.

Y armé la soledad
un pasto en su cifra y hoguera
donde arder y conciliarme.

Armé este juego
Armé los pájaros y un sol
unos pocos manojos
para ocultarme del miedo
  y las palabras.

Ese mar que me vence

Pensar la soledad
armarla.
Dejar que ondee en su barbarie.
Zurcir con inocencia
el viento menor de la amargura
lo que cruza el temblor desde la idea.

Pensar la soledad
forzarla.
Organizarle la ceniza
el día en su fábula y límite
en su mejor color.

I
Toco el verano
su eco y recuerdo
para rayar la luz en su cristal
en su pardo confín de lejanías.

II
La desolación como un niño
con sus tristes harapos
que se sienta a mendigar
en cualquier plaza
los buenos recuerdos.

Ese mar que me vence

Lo que salva es dudar
parar el ritmo del abismo
lo fatal de la luz
esa apoplejía serena del corazón
en su blancura.

Un ala en esta ardua floración
del silencio
en la ascensión y los reflejos.
Sumada a la visión
me alcanza el mar y una melancolía.

Tras esa larga cortina de pájaros.
Insobornable
insobornable siempre el corazón
se sienta a tejer una lentísima
guirnalda de silencios.

A la memoria de Paul Celan.

Y no fue el Sena   no fue
la claridad del agua
cuando todo estaba oscuro
ni la dulzura del limo y la nube
ni los brazos maternos del agua
en las simultáneas noches
llamándolo.

Fue la leche negra y el alba
el agujero en el cráneo
y fue la bala
el zumbido alemán
la bestia culpa   la culpa culpa
la mutilación de la esperanza
y de las margaritas.
Y fue el miedo a la lluvia
al sonambulismo de la lluvia.

Ese mar que me vence

Al nervio ya desnudo
y la nostalgia.

Y fue y son las redadas
que ponen en ascua el corazón.

Y fueron las palabras
gloriosas de la muerte.
Escapar de un maldito sanatorio
en un maldito abril maldito.

Tócale el hielo y las visiones
el oscuro sol y la palabra
En la noche
lo tutelar de la llama y el imán.
Tócale la respiración
el incendio temprano de la luz
en las plegarias
el anhelo arcilloso del corazón
en su maroma y viento.
Lo formidable del deseo
y la vigilia.
Tócale al tiempo
su blancura huérfana
el desplome
al hombre su verdad
el descontento
el ébano inmemorial del silencio
vencido y la nostalgia.

Ese mar que me vence

Jehová me retiene
el mismo señuelo

                el maná

      que

          no

                deja

                    de

                        caer.

El ruido del sol
llenándome el sentido.

El corazón como un higo
brillante   sosegado.

I

Juega otra guerra
se hará la muerte
Se hará
esa pacífica ronda de contrarios
Ese terco secuestro del corazón
en la palabra infinita.

II

Hiérame aquí
ven córtame ese ramo de luz
Andaré ciega
Tenderé un puente
entre los dos espantos
Germinaré rosa de nadie
bajo ese sol primero
que ordena los silencios.

Ese mar que me vence

Me funde tu brasa
el remolino azul del tiempo tuyo,
     la otredad de las rosas
en su lluvia y lejanía.

Y sigo
en tu redil de mañanas claras
siguiendo el rastro
la angostura
      del amor reciente
        en su lluvia de buitres
y soles amargos.

> *... pero ni un seño mío traicionara*
> *la compañía que mantengo*
> *Sylvia Plath.*

Las inquietas en su vigilia
en su manojo y diluvio
desordenándome.
En su brillo y sinagoga
en el letargo lúcido.

Ligerísimas las otras
todas las otras
forasteras y amigas
las que saben guiarme como Dios
con su cencerro.

Las que dictan mis delirios
las que dibujan el puente
donde seguí lanzándome.

Ese mar que me vence

Ese delirio del tiempo
de construir y despojarnos
de crecer la tristeza
un incendio
un confín de cenizas.

Esa intensión de torturar
con el silencio y la sombra
de bebernos la miseria
del sol
el recogimiento en su orfandad
en su falso pudor de libertades.

Más alta que el sol
ondeando
Como si la muerte fuera solo límite
un seseo lluvioso
marcando el horizonte.

Como si la luz y el color
fueran un gesto de abandono recíproco.

Como si lo domado fuera el amor
y esa plenitud de la belleza.
Como si yo en el silencio enorme
fuera la mordedura
y lo insistente
y fuera el reino
la estación abierta
donde la poesía se descubre.

Ese mar que me vence

Si digo sol
me vuelvo girante
y exclusiva.
Y nazco en ese pacto tembloroso
de la luz y las palabras.
Si digo mar
me mueve el impulso
una cadencia de signos abiertos
un oleaje.

Si digo amor añado el ritmo
una lluvia plural
una paloma
en su lentitud de vuelo.

Mujer esos colores no son la noche

Hay siempre un despertar

y hay un camino hacia las dunas

y el mar.

Y hay mímicas y cantos

un enorme murmullo

de bosques espléndidos

Un mismo carrusel

que enciende las nostalgias

la ronda del amor cubriendo

las cenizas.

Vive   homenajea

ese concierto bajo otra luz

y espera siempre espera

esa es tu libertad.

Todo se queda en ti para regar la vida.

Ese mar que me vence

En tu páramo encendido de aire y tiempo

A Rubén: Sol de ti
de tu cuerpo
varado en la espesura de mi mar
inventando un lenguaje.

Hasta cuando dormimos cada uno de nosotros
Continúa velando sobre el otro
Y este amor más pesado que el fruto maduro
de un lago. Sin reír sin llorar y desde siempre
Dura día tras día y noche tras nosotros.
Paul Eluard.

Calla de puro oír, de puro asombro,
tú, mis más honda vida,
porque ya sabes que te quiere el viento
antes de estremecer los abedules.
Rilke.

Entra en la emboscada

siente el sol

las alarmas

Regocíjate desde su tono superior

el amor.

Desde su melodía abre un canal

desde su fuerza   un santuario

Entra   gravita en cada témpano

siente la tormenta

el círculo en su llama.

Desde la espera álzate

Desde el espejo adelanta.

Siente la frescura del almácigo

en su lluvia temprana

desde el silencio

desde su cáscara siente el amor

ese cielo abundante en la semilla.

Ese mar que me vence

I
Y caen mis racimos
de noches
en un aire despierto.

II
En el diálogo la piel
en su magma y latido
en su juego de oculta ceremonia.
Coincidiendo
sus lúcidas palomas
ese vuelo tibio de palabras
hurtándonos el sol.

Me arrincona y me vuelve real
y anuda mi cabeza con su lluvia.
Sigue la música de esa flora despierta
que abre el magnetismo del pétalo
el salto en la mirada.
Me arrincona con su juego y brasa
el peso inmenso de su piel
el regocijo
Y me arrincona su marea y reflejo
el doble oleaje
del pecho los violines.
La lámpara que enciende el entusiasmo.
Arrinconada
tejiéndome en esa vieja entraña
de la luz
en su deseo y latido.
El silencio se apaga
en nuestros cuerpos y la noche.

Ese mar que me vence

Su tiempo mío
su mano siempre despierta
hilando en mí
una espiral de tormentas.
Poblándome su ojo
lo nupcial del signo en su blancura.
La noche que regresa
la luz en ese atisbo que devora
la tiniebla salobre y musical del tiempo.
Y regreso como los pájaros
a alimentarme de su pasto
y memoria.
Y regreso   siempre regreso.
Está en su boca lo mejor del viento
y las cosechas.
En sus ojos florece la luz
un tintineo de lluvias
el latido frondoso del amor.

Todos ven el milagro
la noche en su impostura
apabullante.

Rociando con su néctar
la mirada.

Y somos dos que aplauden
el tiempo único del amor
en su inclemencia
en su éxtasis y parábola.

Ese mar que me vence

Por esa mirada
esa que continuamos
en la largura de todas las noches
esa que despereza el día
en su única luz de misterios abiertos.
Por ella somos lunas
y vamos desarropados
en la humedad del ojo.
Esa mirada que abre el paisaje
a lo fluvial del canto.
Por ella vamos
en su llama de silencios
a lo salobre y sensual
a esa mímica osada del amor
y la existencia.

> *¿Quién llenará este vacío de cielo desalentado*
> *que deja tu cuerpo en el mío?*
> *Miguel Hernández.*

El peso de los tilos sobre la noche
el peso de tus ojos
regresándome.
Otra hondura
un agua quietísima
numerosa sobre la luz
un agua que oprime soles
en su intensidad.
Un agua vencida y apretada
en su ritmo de ayer.
Y era lo luminoso de esas algas
en tu pelo
y era ese cielo final
que empieza en la mirada.
Dibujándote la luz
lo vicioso de la muerte
en su cuerda de agua.

Ese mar que me vence

Y me pierde el amor
me pierde el silencio
abundante de esa luz.
Golpeándome el eco de esos ojos
en la llovizna
el gesto de ayer.
Y sigo deshabitándome
robándome el tiempo ajeno
del disfraz.
Robándole el insomnio al amor
un agua que florece la ternura del limo
un agua única
en su espesura cotidiana.
Y me pierde la noche
y me pierdo como Ofelia
en el ruido sonámbulo del agua.

Tú el que escribe
dejas en la luz
una estela dulce de promesas
y otoños gastados
un perfume.
Estás meciéndote
y quemas estos ojos
que están vaciándose de neblinas
ensimismados en la palabra nunca.

Allí donde te quedas
hirviendo como el sol
una estela de sombras
un lenguaje
en lo inmortal
tendiendo un puente a mis anhelos
y una celebración.
Tus ojos para encender la música
y una alegría nueva.

Ese mar que me vence

Tú esa melodía
frescura y sapiencia de la luz
sobre el trigal de mis mañanas.
Ese desfile único de la palabra.
Lo luminoso en su volcán.
Impulso Tú
goteando los frutos
y un nuevo despertar.

Y beso la mañana
en el follaje desnudo de tu cuerpo.
La sílaba sonora indispensable
y beso la estrella
de lluviosa ternura en esos ojos
lo perfecto del mar
en su ritmo y hondura.

Poblarte sí
poblarte de manos y bocas
de madrugadas y himnos
de ciudades que despierten
ese aire sensual
la marcha sonora del sol sobre los frutos.

Y estar en su escalada
en esa ingenuidad que crece
el color en su fuego y danza.

Y estar en ese remolino y júbilo
del tiempo en tu verano
en tu vuelo y pájaros
bebiendo en la semilla de la lluvia
el sonido voluptuoso del amor.

Ese mar que me vence

La mejor estación está en tu boca
llena de frutos y oleaje
de lluvia y estruendo.
Y sube a tus ojos
la osadía creciente del amor
ese ramaje lleno de claridades.
Y suben los himnos
la avidez de la tarde.
Y subo magnetizada
en su fuego solar
en su calor y vena.
En tus ojos el mar
el balanceo armonioso del abismo
en su profundidad.
Esa alga desnuda
el ruedo y la inmensidad
la esperanza rozando siempre
el límite del sol.

Amo el plagio de las noches iguales
la tibieza de esa sombra en la mirada
lo que repite la ternura y el sol.
Ese aire de semilla íntima
fruto y miel de los instantes serenos.

Tú la tórtola que puebla los senderos
de la luz
La única luz que me ha visto envejecer.

Tú siempre en mi soledad
en esa cosecha de silencios dispares
en lo sangrante de esa lejanía
que te nombra
y devuelve tu transparencia
indestructible.

Ese mar que me vence

Samaritana
y te salvé la sed con la palabra.
Y te di de beber de esos veranos
la mejor lluvia.
La mejor marea del sol y las visiones.
Porque te di mis ojos
una intemperie de signos
que volaban dispersos.
un mar en su círculo cerrado
de gaviotas.
                    Y te salvé de los silencios
de la larga noche apabullante del desvelo.
Y te di la cifra verbal
esa fiebre que mueve las palabras
esa música.
Y vas sediento
y sigues en esa enfermedad
procurando el veneno
y lo insignificante.

La belleza es casual
hoy está en tu mirada
hilvana un mundo desde su espejismo.

Ahora la gratuidad del fuego.
La nieve en su sitio
y el cielo
todo el cielo ovillándose en ti.

En tus ojos la tempestad por nacer
el verano esplendido dictando
los violines
el fuego sereno de la acacia
el murmullo de las hojas
que alcanzan el púrpura
del deseo el jardín hermoseado.

Ese mar que me vence

Música de ola despierta
la noche es el faro
toda la claridad desplomándose.
Sobre mí los dos mares
la blanquísima red
los luminosos peces.

Y sigo columpiándome
ahora esos ojos en su aproximación
un hundimiento.
Y se queda la tarde en el guijarro
todo el temblor de la luz
sobre los tonos audaces
del silencio.

Ahora el autismo y la sed
lo repetitivo
lo destructivo del amor
Y estoy callada.

La gaviota
temblando en tu lengua
cazadora
bebe mis últimos vestigios.

Ese mar que me vence

Plantado
insomne en los reflejos
armas un paisaje de escasa luz.
Todo ordenado y múltiple.
En ti vivo y latiendo
se linaje puro del corazón
en su osadía y fijeza.
Y estas venciéndome
La música en tus ojos
el baile despertando el sol
en sus orígenes.
Todo serenándose en ti
el viento joven estremecido de frutales.
La luz que golpea
con su ritmo intenso
de maravilla y palpitación.

La mano tejiendo el ademán
la burbuja solemne.
Y me arrastra lo rítmico del deseo
yazgo en el triángulo sereno de tu pie
en esa música que me adormece.
La paloma desnuda de tu voz
en su simetría de silencios.
Y soy brizna
tatuada en la ternura del verbo
sobrevolando tórtola
lo místico y la demencia
lo triturado por el sol.

Ese mar que me vence

El asombro sereno de tu piel
sobre mi piel el recorrido
la mano que vuelve y se posa
madura desvistiéndome
esa ferocidad de lluvia
Del labio la excitación
el roce   el dátil crecido
en la inmensidad de la palabra.

Y voy cayendo desde la música
a tus manos.
La nieve quebrándose en tu hoguera
el vaivén amotinado de la braza.
Y soy la chispa luminosa
el sándalo
el verano que escribe la sed
y es tu boca
el mejor engranaje de la tarde
bebiéndome la luz y la fatiga.

Un nombre que salte

y estalle en mi boca

y deje un canto dulce

otra guerra.

Que asalte continua maravilla

y me rompa

y me devuelva altiva

temeraria.

Un nombre que levante la hojarasca

que dejan los otoños

que venga a rescatarme

y ciegue como si fuera lluvia

y circuncide el corazón

y cubra el mal deseo

y corte el prepucio de esta muerte.

Ese mar que me vence

En tu mirada el blanco
y la sorpresa
el asombro creciente de la luz
disipándose.

El trazo formidable del sol
en su escala de colores
en su friso de memorias fatales.

En tu mirada yo
y mi única muerte.

Sobre tu mano la niebla trillada
los espejismos únicos y saciados.
Más abundantemente el sol.

La línea del geranio múltiple
floreciendo
la letanía   los lentos remolinos
de esa luna profunda advenediza y fiel.

Todo juntado en su fábula
y grandeza.
Un salto para armar la luz
el ruido del amor y la ternura.

La mano juntando esa tibieza
y color
un concierto gastado
de despoblados miedos.
Lo que inicia la danza
el recorrido armónico y visceral.

Ese mar que me vence

La mano lentísima
en su fraguada sed
en su universo de limbos maduros
goteando un sol de buenas luces.
Su tibieza única
desflora
la lluvia en su volcán
todo el abismo en su sombra.

Trampa ese volver
y devolver a mis contornos
una rememoración sagrada.

No se cansa tu ojo no se cansa

Celebro lo animal

la esplendidez del sitio.

Y vamos demorados

la noche en ti   la noche

la octava maravilla   el duende.

Y me distrae el conjunto

la abundancia del sol

la doncellez de la luz que es siempre tierna

Y logras desatarme esos giros descalzos

del corazón entre las letras

y no me avisas del rencor y no me avisas

y sigo distraída zureando como paloma

en el rojo de las eras.

Ese mar que me vence

Añades el baile

y te mueves en todos mis silencios.

Tú trayéndome las imágenes

de la armonía.

Y bebo el 7mo vino y la ostia sensual

y crezco   crece mi espiga.

Me alegra la increíble salmodia

de esos ojos

el crepúsculo en ellos.

el movimiento de la luz

en su animado cielo.

Pasto vivo homenajeando el cuerpo

en su oscuridad.

Y me alegra esa ráfaga

de lluvia temprana

en tu voz lo tierno y lo húmedo del sol

la esperanza que va hilándose

No se cansa tu amor

Lo incurable es nuestro.

La uva en tu boca
el trazo
un gota para regar
las pausas de la lluvia.
Todo el oleaje en ti
las virtudes del deseo
y las resurrecciones.
Y me tienta la paloma en tu boca
blanquísima revoloteando las espigas
que siembran las distancias.
Y me tienta la fresa
lo hebraico del beso
la santidad sensual de esos relámpagos.
El hilo fecundo y la nube
desde donde vigilo la semilla
los volcanes que escriben mis poemas
Eres el bendito
mis vientos inclinándose en tu boca
obedeciéndote.

Ese mar que me vence

Sobre tu labio el mar
Raíz y algas disueltas
en esa algarabía el sol
Cuerda en el imán la sed
el lirio profundo de la estrella.
Norte y maravilla
la noche que abre a la simiente.
Sobre tu labio alas
un colmenar
una pizca del fruto.
Lluvia   violín y pájaros
un polvo de guirnaldas
de la espiga el jugo y el enjambre
el vástago
 Getsemaní   yo
el verbo que escribo aún.

Lléname de ruidos y mañanas
de los goces completos del amor.
El deseo como cántaro recogerá el rocío
y la palabra.
Lléname del milagro
de verbos luminosos en su palpitación
y piedras azules.
En los nupciales arrojos de la luz
lléname de alondras
de días que fluyan como ríos
en su serenidad.
de buenos otoños en su música
y violines eternos.
De lo apabullante de la calma
en su más honda tempestad.
Lléname de lluvias y de frutos
de tu páramo encendido de aire
y tiempo.

Ese mar que me vence

Que la llama insista y bordee tu luz
que mis brazos te cerquen
que lo sensual del miedo
te arroje en mí
reconciliado.

II
En esa libertad donde flota mi cabeza
en ese exilio y burbuja del tiempo.
En lo silvestre de esa nada barroca
y colosal.
En esa conciliación
donde me armas estos ojos
la magulladura eterna
lo visceral de estas fiebres
en esa libertad
me celebro siempre tuya.

Y caigo
vuelvo y caigo en tu luz
en esa corriente viva
de tus sombras.

Y sigo el eco
el trazo de tu boca
libando las palabras.

Sigo en la llovizna
en sus azules vértigos
letárgica y ausente
bebiéndote esa eternidad
sellada de silencio.

Ese mar que me vence

Lo que sangra es la noche
 esa cimiente dulce
 pululando en mi sed.

 Y vas vertiendo un rastro
 otra luz en mis venas.

 Y caigo en la espiral
 y sigues respirándome
 el trueno claro en su enjambre
 y delirio.
 El dátil maduro sobre el verano
 de mis voces.

En su otoño
un triángulo de cielo
y lluvia.
Respiro en él
la tibieza oscilante de la luz
la ternura de su piel despierta.

En su otoño las noches
los instantes callados del amor.

Y admiro esa fuerza
que sostiene todo el mar
y mi horizonte
desde el silencio.

Ese mar que me vence

Entre dos volcanes
cercada
en el ciclo circular
del fuego
anclada a la última raíz.

Guío la mano
el otoño y los pájaros
todo el diluvio
de esa única luz
en su episódica armonía.

Bajo los álamos rojos y los tilos
me gusta el engranaje y ola
que hace tu presencia
Como te desnudas y enciendes
los vidrios de la tarde.
Memorizo tu cuerpo en la colina
Sobre los trigos
en esa altura alucinante
donde nacen los vientos
la fresa parpadeante de masiva luz y polen.
Y quiero gastar la imagen de la lluvia
gastarte en el reflejo hasta cegarme
y descubrirme enamorada
y descubrirte.
Un rumor sembrándose   un perfume
en el fondo los mismos horizontes
la abundancia de ti
la belleza del amor
y la certidumbre.

Ese mar que me vence

La letra rondándome
y va y viene el signo
tu cuerpo en el desorden
un aroma de música despierta.

Y estas quedándote
puliendo en mí
la almendra vibrante
y silvestre del corazón
en la curvatura íntima del sol.

Y es polen tu cuerpo

espesura que inunda mis lluvias.

El cielo en su hallazgo

agita mi estrella

relampaguea .

Y es pájaro

pulpa y ritmo del fruto

desbordado.

Trasgrede mi soledad

y me vence

vencido vuelo

un pétalo rozando

el aire desnudo de la tarde.

Ese mar que me vence

Y surges
de mis vértigos
como un destello múltiple
infinito.
Eres el nuevo hallazgo
el silencio leído en mi sangre
lo diurno y visceral
en esa caravana febril
de las palabras.

Y eres lo que arde
lo que crece sin voz
en ese espasmo dócil del recuerdo.

Y no me encuentras
incólume
estoy
en el chispazo electrizante
y vigoroso del olvido.

Y no me encuentras
en ese nudo y cortejo
lamida
cierta en la tempestad
en la honda claridad de la ceniza.

Ese mar que me vence

Dibujo un nuevo sol a tus silencios
Bajo esa luz creada
lo tumultuoso del amor y el signo.

Dibujo una serpiente y su mirada.
Otra nostalgia
un tiempo en su desorden.

El mar es un color como el otoño
otra lejanía en su naufragio.

Dibujo en su barbarie
la eternidad
donde conciliar la luz
y el desencuentro.

Lo mío era ese deshoje silencioso

bajo tu ojos y su música.

Hundirme

segar en la mirada

esa fiebre inocente del deseo.

Lo tuyo era fluir desesperarte

dividirme en ese rastro de luz y sílabas.

Yo aceptaba el juego y la ternura

el sol y los otoños

la rutina constante del amor.

Lo tuyo mío

lo celebrado y cómplice

la marea siempre abierta a un mar

y sus naufragios.

Lo mío tuyo en ese escalofrío

en ese aire jubiloso

y sensual de las palabras.

Ese mar que me vence

Tocar la cifra
la multitud de noches de su cuerpo.
Lo liviano y cierto del amor en esos ojos.

Tocar la palabra
en su música la luz
esa ficción del sol en la intemperie.
Y tocarle la nostalgia y los otoños
esos desórdenes cálidos del corazón.
Lo que guarda en la sombra su silencio.
Tocar la sed
lo que fluye en esa paz bajo la lluvia
lo repetido
lo sagrado de cada desnudez.

Si me quedo invéntame

bebe esa sombra que soy

esa llovizna

Lo reiterado del silencio y la tristeza.

Bebe el movimiento de la luz en su relámpago.

Mis buenas tormentas en su fragilidad

la claridad en su fiebre

Y bebe lo sagrado

el desequilibrio de estos ojos

que no duermen

Lo sonoro y silvestre del sol

rajando la penumbra.

Pon una máscara no soy sublime.

Oculta lo vivaz de mis palabras

pon un cerco y cállame.

Calla la oscuridad en mi costado

esta muerte que no termina de latir.

Ese mar que me vence

Estás en lo amargo
maligno en la palabra
en ese escozor de la luz
y su letargo.

En el duelo
en esa imprecisión de la retórica
sumando ese ramaje a la llovizna.
Tarde la tarde
ese trino y desborde
se empobrece en ti
se descalza el corazón
sobre tu hora.

Protégete de mis soles
en su misma rutina
de mis trecientas soledades
del vagabundeo infinito del silencio
que macera la claridad
en su nudo y abismo.

Protégete de mí
de esa impiedad
que vuelca en su ronda
lo tremendo y soberbio de la letra
y oscila como una guillotina.

Cuídate de la embestida
dulce fábula que impugna el deseo
del vértigo en su obligada luz.

Ese mar que me vence

Anulo el aire
la luz es un reflejo dividido
Toco tu sombra   el signo
lo abreviado del juego
Y me descubro en tu sangre
vertida entre los soles.
Colgada en el nudo y milagro
del amor
Toco ese norte lo pendular del frío
la estrella guiada desde la piel.
Y toco la inutilidad que es el silencio
pez salvaje enterrado
en la cálida fragilidad
de tus mareas.

Deletrea el signo

nómbrame

ardo en las sombras

intratable.

En lo salvaje de la luz

amotinada.

Trae ese desvarío

lo minado en su sed

lo impuro que mueve la sangre

en su volcán.

Ahora soy un animal en su abierto deseo.

Cruzo la hoguera inmensa de la noche

doblando su espejismo.

Ahora soy la irrealidad

un cuenco vacío de esperanza.

Ese mar que me vence

Oyendo a Joan Sebastián

Mejor sin mí
si soy lo que divide
esa amargura que deja en la luz
un trazo violento.
Si soy lo que duele
ese enjambre infinito
de voces y lluvias
de noches cercadas.
Si persisto verdugo
si mi lengua derrama los vientos
y esparce un filoso tocón.
Si mi amor cadáver
gira en la oscuridad
Si soy esa estampida de bestias
un hambre   un desvelo.
Si el miedo es lenguaje rotundo
si cierta reniego
si me olvido y vuelvo

si está mi mano fría
sobre tu madrugada
y carnívora
te bebe el sol y los reflejos.
Si soy la soledad
si soy la sombra
lo que lastima
te irá mejor sin mí.

Ese mar que me vence

Guarda mis latidos
estas palabras que gotean
para ti.

Los suaves ecos
que bordean la espiral
donde crece la noche.

Unánime
roza el silencio
las brozas del delirio y la sed.

Acomoda los pájaros
en el frío de mi huella
y quédate inclemente
en esa ronda feliz de la plegaria.

Epílogo

La palabra irrompible

que se oculta en el sol

en ese trazo del verano

que vuelve y lastima.

Biografía

Odalys Interián (La Habana, 1968), poeta, narradora y crítica cubana residente en Miami, dirige la editorial Lyrics & Poetry Editions, es miembro de la Asociación Internacional de Poetas y Escritores Hispanos e instructora del Taller de Creación Poética del Centro de Instrucción para la Literatura y el Arte, en Miami. Entre sus publicaciones están los poemarios: Respiro invariable (La Habana, 2008), Salmo y Blues (Miami, 2017), Sin que te brille Dios (Miami, 2017), Esta palabra mía que tú ordenas (Miami, 2017), y Atráeme contigo, en colaboración con el poeta mexicano Germán Rizo (Oregón, 2017). Sus ensayos literarios aparecen en Acercamiento a la poesía (Miami, 2018).

En su actual ciudad de residencia ha sido premiada con el de poesía en el prestigioso Concurso Internacional Facundo Cabral 2013 y en el certamen Hacer Arte con las Palabras 2017; obtuvo primera mención en el I Certamen Internacional de Poesía "Luis Alberto Ambroggio" 2017 y tercera mención en el mismo concurso de 2018. Fue merecedora del segundo premio de cuento de La Nota Latina 2016. Su obra poética y narrativa ha aparecido en revistas y antologías de varios países. Recientemente ha obtenido Premio Internacional 'Fracisco de Aldana' de Poesía en Lengua Castellana (Italia) 2018.

Acaba de resultar ganadora en el certamen de poesía *Dulce María Loynaz,* 2018 en la categoría Exilio.

Leyendo la poesía de Odalys Interián

En un mundo cada vez más deshumanizante, donde la frialdad de las estadísticas, el avance individualista y frívolo de las nuevas comunicaciones cibernéticas y el olor a sangre fresca y pólvora humeante de las noticias al instante, nos abruman y envilecen; benditos y llenos de gracia sean la poesía y los poetas!.. Si existe un rasgo inobjetable de la condición humana, ese es sin lugar a dudas el don de la palabra. Ella nos fue otorgada para reinar sobre los otros reinos. Es la palabra de alto vuelo y sentidos acentos lo que nos atrae a los versos de esta poetiza caribeña que es mar y cielo, silencio y grito, vida y muerte, ilusión y sentimiento, esperanza y lucha: ... *"Soy ímpetu /sol rodando en su llovizna /en su volcán y lava..."* El escritor Español Guillermo Díaz Plaja, en su libro El oficio de escribir, refiriéndose a la obra de todo escritor, nos enseña que aquella: "que no nos dé la dimensión y la profundidad del escritor, del artista, del héroe en su clima exacto de criatura de carne y hueso, sentimiento y razón, se desmorona como un grotesco amasijo de fichas sin sentido". En la voz poética de Odalys, de sutiles notas, enamorados versos y apasionados murmullos, se nos revela ella precisamente así: en su clima exacto de criatura de carne y hueso, sentimiento y razón. No podría ser de otra manera, pues es ella misma quien nos enseña en su artículo A leer poesía, publicado en la segunda edición de la revista Poetas y Escritores, que la poesía se escribe: *"para tratar de encontrarnos y en el silencio de la proximidad brotan palabras a veces sin sentido, palabras llenas de universos"*. Ciertamente hay universos en la poesía de esta delicada y prometedora poetisa Cubana, cuyos reconocimientos ya la han convertido en un orgullo de la diáspora latinoamericana y las letras hispanas en Estados Unidos. Universos ingrávidos, cercanos o distantes, iluminados o en penumbra, ensoñadores unos y poblados de nostalgias y sueños rotos, otros. Universos, en fin, que la voz lirica de Odalys va creando con la fuerza avasalladora de las metáforas y las palpitaciones de un corazón enamorado del amor, la vida y la naturaleza circundante. Hay en su poesía constelaciones y mundos rutilantes, "imágenes sublimadas", donde la inspiración se nutre de las realidades del diario vivir con sus encuentros y desencuentros; o simplemente, se pasea de la mano del amor y el desamor, entre la lluvia y el trueno, la oscuridad y las luciérnagas, o entre un mar de olas, naufragios y sirenas encantadas que nos llaman con su canto desde la oquedad del universo. Aristóteles, afirmó que "el arte perfecciona lo que la naturaleza no ha acabado". Este es el gran reto del artista. En el caso del poeta, el desafío se torna mayor si tomamos en cuenta que su única herramienta creadora es el verbo. El poeta es como todo artista, un pintor de ilusiones, un demiurgo incansable que crea aquí y allá, un mago del verso y la metáfora, empeñado febrilmente en construir y reconstruir universos, paradigmas y quimeras, a través de la Palabra. En el principio fue el verbo, nos dice la Biblia. Y he aquí que esta poetisa de Miami, sin lienzo, pinturas, ni pinceles, sola ante la pantalla blanquecina de un ordenador e inspirada en su palabra, nos entrega en cada poema un canto nuevo, talvez un lamento, quizás una esperanza. Poesía que es pintura de multicolores imágenes, "paisajes sublimes" y delicados aromas, con la fuerza expresiva del sentimiento. Será por eso, que al referirse a las palabras, la materia prima de su canto, ella nos dice: ... *"son y se acomodan en el verso por impulso, las repetimos y se nos vuelven recurrentes"*. Como escritor y lector deseo responder al trabajo de esta mujer, orgullo nuestro. El artista desea fervientemente saber que alguien, desde la otra orilla, le escucha, porque al decir de Guillermo Díaz Plaja *"En la soledad de su escritorio -el escritor- dirige el teclear de su máquina, hacia un universo invisible pero evidente que ha de recoger el tono de su corazón"*. Seguro estoy, que soy solo una voz entre las voces que ya se levantan y seguirán haciéndolo, como el eco que responde, para decirle a Odalys que no está sola, que su voz es el canto de todos y que en sus páginas, encontramos el tono de su corazón.

(fragmento)

Julio C. Garzón,
Miami, 12/29/17